BEI GRIN MACHT SICH IHR
WISSEN BEZAHLT

Lernen im Erwachsenenalter. Erwachsenenbildung und lebenslanges Lernen

Sascha Heller

Bibliografische Information der Deutschen Nationalbibliothek:

Die Deutsche Nationalbibliothek verzeichnet diese Publikation in der
Deutschen Nationalbibliografie; detaillierte bibliografische Daten sind
im Internet über http://dnb.d-nb.de abrufbar.

ISBN: 9783346279262
Dieses Buch ist auch als E-Book erhältlich.

© GRIN Publishing GmbH
Nymphenburger Straße 86
80636 München

Druck und Bindung: Books on Demand GmbH, Norderstedt Germany
Gedruckt auf säurefreiem Papier aus verantwortungsvollen Quellen

Das vorliegende Werk wurde sorgfältig erarbeitet. Dennoch
übernehmen Autoren und Verlag für die Richtigkeit von Angaben,
Hinweisen, Links und Ratschlägen sowie eventuelle Druckfehler keine
Haftung.

Das Buch bei GRIN: https://www.grin.com/document/943431

Einsendepräsentation

**Alternative C: Lernen im
Erwachsenenalter**

Modul: Pädagogische Psychologie

Studiengang: Wirtschaftspsychologie

Von

Sascha Heller

Inhaltsverzeichnis

1 Theoretische Grundlagen der pädagogischen Psychologie

Die pädagogische Psychologie beschäftigt sich hauptsächlich mit Lehr- und Lernprozessen. Sie kann aufgeteilt werden, in die psychologische (Wie ist ein Mensch?) und die pädagogische (Wie sollte ein Mensch sein?) Komponente. Erziehungsziele hingegen, sind abhängig von der Gesellschaft, in der sie angewendet werden. In autoritären Gesellschaften sollte ein Mensch untergeordnet und gehorsam sein. In demokratischen Gesellschaften hingen darf sich der Mensch individuell und autonom entwickeln, um damit an der Gesellschaft teilzuhaben.[1] Diese individuelle Entwicklung entsteht aus Erziehungs- und Umwelteinflüssen. Die pädagogische Psychologie beschäftigt sich mit den psychischen Veränderungen, die durch die Erziehung oder pädagogischen Handeln generiert werden. Die wichtigsten Veränderungen umschließen das Lernen, die Entwicklung der Persönlichkeit sowie die Sozialisation.[2]

Einer der wichtigsten Bestandteile des Lernens ist das Gedächtnis. Unter Gedächtnis versteht man alle Prozesse und Systeme, welche zum Speichern, Abrufen und Anwenden von Informationen zuständig sind. Das Gedächtnis ist daher so wichtig, da die meisten Wissensquellen nur kurzzeitig zur Verfügung stehen.[3] Bezüglich der Lernumfelder, lassen sich anhand der individuellen Entwicklung drei verschiedene Umfelder differenzieren. Das Familienumfeld ist perfekt für Babys und Kleinkinder, um ihre ersten Lernerfahrungen zu machen. Das zweite Umfeld ist, das der „Peers" womit gleichaltrige und gleichrangige Kinder gemeint sind. In diesem Umfeld lernt man vor allem die Sozialisation. Am wichtigsten für diese Arbeit ist jedoch das Lernumfeld innerhalb von Schulen bzw. Schulungen. Hierbei ist der Lehrende, die Lernumgebung, der Lernverband und die Gruppenführung von großer Bedeutung.[4] Bezüglich der Lernumgebung ist zu sagen, dass die Lerninhalte auch Orts- und Zeitunabhängig abrufbar sind. Das dies immer wichtiger wird zeigt uns die Corona-Krise im Jahre 2020. Hier wurde für eine Vielzahl der Schüler in Deutschland und anderen Ländern das E-Learning zum Alltag. Die Wichtigkeit, des E-Learnings zeigt sich in der Stellungnahme des deutschen Kultusministerkonferenz bereits im Jahre 2012. Dabei wurde unter anderem gesagt, dass die Medienbildung zu den

---

[1] Vgl. Assen, C. von der (2019), Pädagogische Psychologie, S. 2.
[2] Vgl. ebenda, S. 3 f.
[3] Vgl. Weigelt, M.; Krause, D.; Güldenpenning, I. (2020), Lernen und Gedächtnis im Sport, S. 56.
[4] Vgl. Assen, C. von der (2019), Pädagogische Psychologie, S. 12 ff.

Pflichtaufgaben der Schulen und Lehrkräfte gehöre.[5] Um nun erfolgreich zu Lernen gibt es verschiedene Bedingungen. Dazu gehört die Motivation (intrinsisch oder extrinsisch), die Emotionen, die Intelligenz und der Wissenstand, welcher bereits erlangt wurde.[6]

Man unterscheidet vier verschiedene Lerntypen, die aufgrund von Intelligenz, Präferenzen und Persönlichkeitsmerkmalen, mal stärker und mal weniger stark ausgebildet sind. Es gibt jedoch nur selten Menschen, die sich nur zu einem Lerntyp zählen können. Diese Lerntypen werden nun kurz beleuchtet. Das visuelle Lernen bezieht sich auf das Lesen und Schreiben von Informationen, um sich diese näher einzuprägen. Das auditive Lernen umfasst alle akustischen Informationen. Diese auditiven Informationen, können von Lehrkräften stammen, oder vom Schüler selbst gesprochen werden. Das haptische Lernen bezieht sich auf das praktische Ausprobieren bzw. das Fühlen. Das kommunikative Lernen umschließt Diskussion oder Frage-Antwort Formate, die mit anderen Personen zusammen erläutert werden. [7]

Entwicklungspsychologisch gesehen lernen Kinder anders als Erwachsene. Kinder lernen durch Kognition, Emotion, soziale Persönlichkeit und Moralvorstellungen. Sie benötigen eine großen Input an externer Steuerung. Erwachsene hingegen lernen meist selbstregulativ und selbstkontrollierend. Ihr Vorwissen wird mit den neuen Informationen instruktiv verknüpft, was ihnen einen gewissen Vorteil verschafft.[8]

2 Grobkonzept für die Erwachsenbildung

In dieser Arbeit wird die Anfrage des Bundesministeriums für Bildung und Forschung (BMBF) nach beratender Unterstützung bearbeitet. Hierbei werden zunächst die theoretischen Grundlagen der pädagogischen Psychologie erläutert und im Weiteren die Themen Erwachsenenbildung, Lebenslanges Lernen, psychosoziale Krisen, Störfaktoren und Bildungstechnologien erläutert. Daraus werden dann konkrete Erkenntnisse und Handlungsempfehlungen generiert und anhand eines Beispiels dem Leser nähergebracht.

---

[5] Vgl. Schulte, V. u. a. (2020), Altersgerechte Online-Lernangebote für Schülerinnen und Schüler der Primarstufe während der Corona Pandemie?, S. 22.
[6] Vgl. Assen, C. von der (2019), Pädagogische Psychologie, S. 5 ff.
[7] Vgl. Franken, R.; Franken, S. (2020), Theoretische Grundlagen des Lernens, S. 179.
[8] Vgl. Mühlfelder, M.; Nungäßer Ralf-Peter (2014), Pädagogische Psychologie, S. 118.

2.1 Erwachsenbildung (Folie Nr.3)

Die dritte Folie zeigt die Begrifflichkeit der Erwachsenenbildung. Erwachsene bilden sich häufig in einem beruflichen Kontext weiter, um sich für einen neuen Job zu qualifizieren, oder für den alten Job qualifiziert zu bleiben. Hierfür gibt es unterschiedlichste Formen wie z. B. das Fernstudium, verschiedene Aus- und Fortbildungsveranstaltungen, Workshops und so weiter. Fortbilden kann man sich jedoch auch selbstständig, durch die Bewältigung neuer Alltagssituationen. Dabei hat die Fortbildung noch weitere positive Aspekte. Dazu zählen die kognitive Anregung, die Persönlichkeitsentwicklung und die Krisenbewältigung.[9] Durch das Lebenslange Lernen hält man sich auf dem Laufenden und ist dazu in der Lage neuen Gegebenheiten erfolgreich zu meistern. Diese sind nicht nur situativer, sondern auch sozialer Natur.[10] Organisierte Bildungsangebote bieten Wissen an, welches zur Sicherung und Weiterentwicklung der Identität und dem uns umgebenden Wertesystem vermittelt. Häufig gehören zu den Bildungsangeboten der Erwerb von Basiskompetenzen, die Vermittlung von Schlüsselfähigkeiten, verschiedene Sprachen und die Unterstützung beim sozialen Leben (wie z. B. Ehe, Kindererziehung). [11]

2.2 Lebenslanges Lernen (Folie Nr.4)

Zunächst soll der Gedanke des Lebenslangen Lernen weiter ausformuliert werden. Unter Lebenslangen Lernen versteht man die persönliche Bereitschaft, sich aktiv an veränderte Gegebenheiten anzupassen, neugierig zu bleiben und sein persönliches und gesellschaftliches Umfeld mitzugestalten.[12] Dieses Thema eignet sich gut, um das Publikum miteinzubeziehen, den hierzu hat fast jeder eine Meinung. Hierbei könnte man z. B. in die Runde fragen, welche Motivation hinter dem Lebenslangen Lernen stecken könnte. Die Gründe hierfür sollten dann vom Vortraghaltenden festgehalten werden, um sie ggf. noch weiter

---

[9] Vgl. Kloubert, T. (2020), Erwachsenenbildung und Migration, S. 3.
[10] Vgl. Nuissl, E.; Przybylska, E., https://www.bpb.de/gesellschaft/bildung/zukunftbildung/197495/lebenslanges-lernen, (19.8.2020).
[11] Vgl. Schrader, J.; Loreit, F., Was ist Erwachsenenbildung?, https://www.kulturrat.de/themen/kulturellebildung/kulturelle-erwachsenenbildung/was-ist-erwachsenenbildung/2/, (18.8.2020).
[12] Vgl. Kultusministerium, Lebenslanges Lernen, https://km-bw.de/,Lde/Startseite/Kultur_Weiterbildung/Lebenslanges_lernen, (19.8.2020).

auszuführen. Wurden alle Besucher der Lernveranstaltung gerecht angehört, kann man die Ergebnisse per Live-Voting-Tool auf den nächsten Slide legen.

Im nächsten Schritt kann man Beispiele ausführen, warum das Lebenslange Lernen für Jedermann nützlich ist. Diese Gründe sind meistens mit den Themen Selbstwirksamkeit, Selbstkompetenz und Selbstbewusstsein verknüpft. Indem man sich stehts fortbildet verliert man nicht den Anschluss zum Neuen, hält seinen Verstand jung, sichert sich einen guten Arbeitsplatz und erhält Erfolg im Berufsumfeld. Außerdem fällt es dann auch leichter sich neuen Gegebenheiten anzupassen und sich selbst weiter zu entwickeln. Nicht zuletzt sei gesagt, dass neues Wissen ein Gefühl von Freude und Glück hervorrufen kann.[13] Das Lernen an sich ist nicht auf das Bewusstsein beschränkt. Unter bewusstem Lernen stellt man sich Schularbeiten oder auch Fort- und Weiterbildungen vor. Jedoch soll in dieser Arbeit auch das unbewusste Lernen kurz angesprochen werden. Eins der prominentesten Modell beim unbewussten Lernen, ist die Konditionierung. Diese kann sowohl klassisch (durch Reiz-Reflex-Reaktionen) oder operant geschehen. Bei der operanten Konditionierung entsteht zunächst ein spontanes Verhalten, dass durch seine Konsequenzen nachhaltig verändert wird.[14] Diese Form des Lernens kann z. B. jederzeit während der Arbeit, im Privatleben oder auch beim routinehaften Einkaufen usw. entstehen. Vor allem tritt es jedoch bei neuen Situationen auf, für die man zunächst lernen müsste, wie man sich zu verhalten hat. Häufig kommt es dabei durch Emotionen zu Verstärkungen bzw. vermindern des Verhaltens.

2.3 Psychosoziale Krisen (Folie 6)

In diesem Teil der Arbeit werden zunächst die psychosozialen Krisen nach Erikson beschrieben. Diese Krisen durchläuft jeder im Laufe seines Lebens und doch ist es von Vorteil die einzelnen Phasen zu kennen. Die Phasen, die Kinder und Jugendliche durchlaufen haben für diese Arbeit keine Relevanz. Deshalb werden nur die Phasen des Erwachsenenalters im Folgenden genauer beschrieben.

---

[13] Vgl. Münch, L., Lebenslanges Lernen: 10 Gründe, warum es wichtig für deine Zukunft ist, https://www.oncampus.de/blog/2019/06/17/10-gruende-warum-lebenslanges-lernen-so-wichtig-fuer-deine-zukunft-ist/, (18.8.2020).
[14] Vgl. Franken, R.; Franken, S. (2020), Theoretische Grundlagen des Lernens, 166 - 168.

Intimität vs. Isolierung

Das junge Erwachsenenalter ist voller Emotionen und Gefühle. In dieser Phase ist es wichtig zu lernen, intime, feste und vertrauensvolle Partnerschaften einzugehen. Wird diese Phase nicht entsprechend abgeschlossen, kann es zu einer Isolierung des Individuum kommen, was bedeutet, dass das Individuum nicht fähig sein wird eine Partnerschaft aufzubauen. Gelingt es ihm doch, sind diese meist distanziert aufgebaut.[15]

Schöpferische Tätigkeit vs. Stagnation

In dieser Phase geht es darum etwas von sich selbst weiterzugeben. Anhand der Kindererziehung kann man sich die Phase gut vorstellen. Aber auch soziales, wissenschaftliches oder kulturelles Engagement ist eine Möglichkeit seine Erfahrung an die nächste Generation weiter zu geben. Hat man nicht die Möglichkeit diese Phase auszuleben, kann sich das Gefühl von Stagnation oder Sinnlosigkeit einstellen.[16] Diese Gefühle gehen meist durch Depression mit Symptomen wie z. B. Konzentrationsstörungen oder innerlicher Leere einher.[17]

Integrität vs. Verzweiflung

Im letzten Schritt der Lebensentwicklung ist es notwendig, seinen eigenen Lebenslauf anzuerkennen und zu akzeptierten. Dies inkludiert auch das Unerreichbare loszulassen. So muss man z. B. irgendwann einsehen, dass man in einem bestimmten Alter den Mount Everest nicht mehr besteigen kann. Verweigert man sich dieser Entwicklung stellt sich Reue oder Verzweiflung ein.[18]

Das Modell der psychosozialen Krisen zeigt anschaulich auf, dass die Entwicklungsphasen auch im Erwachsenenalter eine Rolle spielen. Durch das Lebenslange Lernen werden die Phasen unterstützt. Dabei ist es wichtig zu akzeptieren, dass dieses Konstrukt ein Teil der Persönlichkeitsentwicklung ist. Jede Phase birgt innerhalb des Themas Lernen spezifische Anforderungen. Die Defizite, die daraus entstehen können, beeinflussen den Menschen in einem nicht geringen Einfluss.[19]

---

[15] Vgl. Greve, W.; Thomsen, T. (2019), Entwicklungspsychologie, S. 47.
[16] Vgl. ebenda.
[17] Vgl. Psychotherapie Linz, Mag. Wolfgang Rodlauer, Depression führt in die innere Stagnation. Eine Depression schleicht sich, https://www.psychotherapie-rodlauer.at/depression/, (19.8.2020).
[18] Vgl. Greve, W.; Thomsen, T. (2019), Entwicklungspsychologie, S. 47.
[19] Vgl. ebenda.

Betrachtet man das Lernverhalten von Erwachsenen, so wird ersichtlich, dass sie ihre Kompetenzen häufig durch Expertenwissen, Realitätsverarbeitung, Problembewältigung oder Realitätsveränderungen entwickeln. Durch ihre bisher gewonnene Erfahrung können neue Problem besser gelöst werden. In Bezug auf die Selbststeuerung erschließen Erwachsene ihr Wissen handlungsorientiert, selbstständig oder durch einen Mentor. Weiterhin verfügen Erwachsene über eine Reflektionsfähigkeit, die es ihnen erlaubt ihr Wissen zu korrigieren, neu zu bewerten und auch ihre Verhaltensweisen durch Erfolge und Misserfolge zu modifizieren.[20]

2.4 Störfaktoren (Folien Nr. 7-9)

Unter Störfaktoren versteht man all die Faktoren, die das Lernen als solches stören. Dabei kann das Lernen vor allem in den Bereichen des Lernkontextes, der Kompetenz des Lehrers oder aus den Voraussetzungen des Lernenden gestört werden. Störungen welcher Art auch immer, bringen das ganze Konstrukt des Lernarrangement aus dem Gleichgewicht.[21] Im Folgenden werden die einzelnen Faktoren näher erläutert.

Kontextbezogene Faktoren
Kontextbezogene Faktoren sind Dysfunktionen, bei denen aus übergeordneten Faktoren (z. B. Lehrplan, Lernumgebung, Formalitäten) Widersprüche in den Vorrausetzungen für Lernsettings (Lernzielsetzung, Lerninhalte usw.) bewirkt werden. Im Resultat führt dies zu Unmut, Widerstand und Demotivation.[22]

Faktoren bezogen auf den Lehrenden
Faktoren für Dysfunktionen, die sich auf den Lehrenden beziehen, resultieren häufig aus ungeeigneten Lehrmethoden. Hierdurch kommt der Lehr-Lernprozess ins Stocken und verursacht Störungen.[23]

---

[20] Vgl. Mühlfelder, M.; Nungäßer Ralf-Peter (2014), Pädagogische Psychologie, S. 71.
[21] Vgl. ebenda, S. 148.
[22] Vgl. ebenda.
[23] Vgl. ebenda.

Faktoren bezogen auf den Lernenden

Störungen in diesem Bereich schaden vor allem dem Gruppengeschehen. Häufig geht es hierbei um den Grad der Entwicklung, die Haltung und die Einstellung des Lernenden. Diese Störungen beeinflussen nicht nur die Lehrer-Lernenden Beziehung, sondern auch die weiteren Lerngruppenmitglieder.[24]

Sonstige Störfaktoren sind unter anderem der Lärmpegel, schlechte Luft, Sitzunbequem-lichkeit oder auch ein unzureichender Arbeitsplatz.[25] Diese Störungen können ausschlag-gebend für den Lernerfolg sein und sind daher zügig zu Erkennen und nach Möglichkeit zu unterbinden.

2.5   Bildungstechnologie (Folie Nr. 10 - 11)

In der heutigen Zeit ist es wichtig die Bildung aller durch Einsatz unterschiedlichster On-line- und Offline Medien zu unterstützen. Daher beschäftigt sich die Erforschung und Entwicklung der Bildungstechnologien mit der Unterstützung von Wissen und der Beein-flussung von Motiven und Emotionen sowie der Funktionalität von Artefakten.[26] Das so-genannte E-Learning wird häufig in Fernstudien, Weiterbildungen, im Job oder im Jahre 2020 auch für den Heimunterricht der normalen Schulen angewandt. Es gibt hierzu um-fangreiche Formen wie z. B. digitale Lerninhalte, Content Sharing oder Online-Vorlesun-gen.[27] Ein weiterer Bestandteil der Bildungstechnologien ist das immersive Lernen. Hier-bei werden praktische Lerninhalte durch Simulationen vermittelt. Diese Technologie wird schon seit Jahren beim Pilotentraining eingesetzt. Es können auch berufliche Situationen durch Virtuell Reality innerhalb der Bildungstechnologie eingesetzt werden.[28] Durch die neuen Bildungstechnologien bzw. durch neue Medien können Lernsequenzen und Infor-mationen jederzeit und überall abgerufen werden. Dies unterstützt unter anderem die Fle-xibilität des Lernenden.[29] Das Lernen mit Medien kann anhand mehrere Perspektiven

---

[24] Vgl. Mühlfelder, M.; Nungäßer Ralf-Peter (2014), Pädagogische Psychologie, S. 148.
[25] Vgl. Stangl, W., Was das Lernen beeinflusst, https://paedagogik-news.stangl.eu/was-das-lernen-beeinflusst/, (19.8.2020).
[26] Vgl. Niegemann, H. M.; Weinberger, A. (2020), Handbuch Bildungstechnologie, S. 4.
[27] Vgl. karrierebibel.de, E-Learning: Definition, Vorteile, Tipps | karrierebibel.de, https://karrierebibel.de/elearning/, (19.8.2020).
[28] Vgl. ViewSonic Library, Spannende Trends bei den Bildungstechnologien 2020 | ViewSonic Library, https://www.viewsonic.com/library/de/bildung/spannende-trends-bei-den-bildungstechnologien-2020/, (19.8.2020).
[29] Vgl. Niegemann, H. M.; Weinberger, A. (2020), Handbuch Bildungstechnologie, S. 4.

erläutert werden. Zu diesen gehören die sensorische Modalität, der Repräsentationsmodus und das Präsentationsmedium. Bei der sensorischen Modalität geht es darum, über welche Sinne die Informationen aufgenommen und verarbeitet werden. Der Repräsentationsmodus beschreibt die Art und Weise wie Informationen aufgenommen werden. Das Präsentationsmedium hingegen zeigt die Instrumente auf, durch die die Information vermittelt werden.[30]

Da die Lerneinheit jederzeit durchgeführt werden können, erhöht sich die Selbstbestimmung des Lernenden, was wiederum die Motivation steigert. Dadurch kann außerdem ein Gleichgewicht zwischen Lernen, Familie und Beruf etabliert werden. Durch das Fehlen des „Klassenverbandes" und des Lehrers kann jedoch auch ein Gefühl von Isolation entstehen.

2.6 Erkenntnisse und Ratschläge (Folien Nr. 12-13)

Erkenntnisse:

Im Folgenden werden nun die Erkenntnisse dargestellt, die sich aus der Analyse der oben genannten Theorien ergeben haben. Wie oben bereits erwähnt zielt die Erwachsenenbildung meist auf berufliche Weiterbildungen, Umschulungen oder auf die individuellen Fähigkeiten des Kursteilnehmers. Durch persönliche Weiterbildung können die Selbstkompetenzen stabilisiert oder weiter gesteigert werden. Durch die Theorie der psychosozialen Krisen wird belegt, dass das Lebenslange Lernen eine große Rolle für die persönliche Entwicklung spielt. Fachspezifische Weiterbildungen erfordern daher ein hohes Knowhow des Lehrkörpers. Innerhalb dieser Weiterbildung kommt es vor allem auf die Störfaktoren an, die anhand des Kontextes oder des Lehrenden entstehen.

Ratschläge:

Im Folgenden werden aus den Erkenntnissen Ratschläge generiert, um das Lebenslange Lernen und die Erwachsenenbildung zu unterstützen.

---

[30] Vgl. Niegemann, H. M.; Weinberger, A. (2020), Handbuch Bildungstechnologie, S. 19.

- Erwachsene lernen besser, wenn sich Beruf, Alltag, Lernen und Familie miteinander vereinbaren können. Daher sollten sich die Bildungsangebote mehr auf die digitalen Medien verlagern.
- Lehrende sollten sich bewusst sein, dass Erwachsene auch auf emotionaler und psychologischer Ebene lernen. Dadurch können sie schneller und adäquat auf die psychosozialen Krisen reagieren.
- Die Lernumgebung von Erwachsenen unterscheidet sich stark von der Lernumgebung der Kinder und Jugendlichen. Für Erwachsene empfiehlt sich ein selbstbestimmtes und selbstregulatives Lernumfeld.

2.7   Praktisches Beispiel (Folie Nr. 14 - 16)

In dem Beispiel geht es um Sabrina. Sabrina ist verheiratet und hat zwei Kinder. Sie beschließt sich weiterzubilden, um einen Job zu bekommen, der sich mit ihrem Familienleben besser vereinbaren lässt. Ihre Söhne sind Zwilling und drei Jahre alt, sie selbst ist 25 Jahre alt. Sie arbeitet Momentan auf Teilzeitbasis als Erzieherin in ihrem Wohnort. Sie sucht Hilfe bei der BMBF um sich über ihre Weiterbildungsmöglichkeiten zu informieren. Aufgrund deren Empfehlung nimmt sie an einem Gruppenseminar teil.

Zu Beginn des Seminars stellt sich der Lehrkörper vor und vergibt die erste Aufgabe. Die Teilnehmer sollen sich selbständig Gedanken zu ihrer eigenen Motivation, ihrem Bildungsgrad, ihren Vorkenntnisse und Flexibilitätsbedürfnis, ihrer Selbstbestimmung und dem selbstregulativem Lernen machen. Diese Themen werden anhand eines Beispiels durchexerziert.

Im weiterem Verlauf wird den Teilnehmern die Theorie der psychosozialen Krise nähergebracht. Hierbei können sie ihre eigenen Ergebnisse und Gedanken miteinbringen. Als nächstes werden die Fragen zu Motivation, Bildungsgrad und Vorkenntnissen in Bezug auf Lerntheorien und Weiterbildungen beantwortet. Anhand der Ergebnisse der Teilnehmer können individuell passende Lernprogramme ermittelt und vorgeschlagen werden.

Am Ende der Präsentation können noch offene Fragen oder Unklarheiten anhand eines Beispiels bearbeitet werden.

3 Fazit und Ausblick

Zu Beginn der Arbeit wurde das Grobkonzept zu den Themen Erwachsenbildung und Lebenslanges Lernen abgebildet. Dazu wurde im speziellen das Modell der psychosozialen Krisen nach Erikson erläutert. Um die Präsentation für die Teilnehmer interessant zu gestalten und somit ihre Motivation zu steigern, wurde sie integrativ erstellt. Dem Gruppenleiter ist es anhand der gewonnen Erkenntnisse über die Personen möglich, eine passende Weiterbildung für jeden Teilnehmer zu finden. In der Zukunft wäre es von Vorteil, die Weiterbildung noch weiter in Richtung neue Medien zu verstärken. Dies hat nicht nur den Vorteil, dass die Weiterbildungen günstig angeboten werden können, sondern erweitert das Portfolie für Personen mit Familie und Beruf.

4 Literaturverzeichnis

Assen, C. von der **(Hrsg.)** (2019), Crash-Kurs Psychologie, Springer Berlin Heidelberg.

Assen, C. von der (2019), Pädagogische Psychologie, in: Assen C. von der (Hrsg.), Crash-Kurs Psychologie, Springer Berlin Heidelberg, S. 1–27.

Franken, R. (Hrsg.) (2020), WISSEN, LERNEN UND INNOVATION IM DIGITALEN UNTERNEHMEN, GABLER.

Franken, R.; Franken, S. (2020), Theoretische Grundlagen des Lernens, in: Franken R. (Hrsg.), WISSEN, LERNEN UND INNOVATION IM DIGITALEN UNTERNEHMEN, GABLER.

Greve, W.; Thomsen, T. (2019), Entwicklungspsychologie, Lehrbuch, Springer.

karrierebibel.de, E-Learning: Definition, Vorteile, Tipps | karrierebibel.de, karrierebibel.de, (19.8.2020)

Kloubert, T. (2020), Erwachsenenbildung und Migration. Internationale Kontexte und historische Bezüge, Research (Wiesbaden, Germany), Springer VS, Springer Fachmedien Wiesbaden.

Kultusministerium, Lebenslanges Lernen, km-bw.de, (19.8.2020)

Mühlfelder, M.; Nungäßer Ralf-Peter (2014), Pädagogische Psychologie. Grundlagen und Anwendung. Studienbrief, Riedlingen, SRH Riedlingen (2014).

Münch, L., Lebenslanges Lernen: 10 Gründe, warum es wichtig für deine Zukunft ist, www.oncampus.de, (18.8.2020)

Niegemann, H. M.; Weinberger, A. (Hrsg.) (2020), Handbuch Bildungstechnologie, Handbuch Bildungstechnologie, Springer Berlin Heidelberg.

Nuissl, E.; Przybylska, E. Lebenslanges Lernen, www.bpb.de, (19.8.2020)

Psychotherapie Linz, Mag. Wolfgang Rodlauer, Depression führt in die innere Stagnation. Eine Depression schleicht sich, www.psychotherapie-rodlauer.at, (19.8.2020)

Schrader, J.; Loreit, F., Was ist Erwachsenenbildung?, www.kulturrat.de, (18.8.2020)

Schüler, J.; Wegner, M.; Plessner, H. (Hrsg.) (2020), Sportpsychologie, Springer-Lehrbuch, Springer Berlin Heidelberg.

Schulte, V. u. a. (2020), Altersgerechte Online-Lernangebote für Schülerinnen und Schüler der Primarstufe während der Corona Pandemie? 2020.

Stangl, W., Was das Lernen beeinflusst, paedagogik-news.stangl.eu, (19.8.2020)

ViewSonic Library, Spannende Trends bei den Bildungstechnologien 2020 | ViewSonic Library, www.viewsonic.com, (19.8.2020)

Weigelt, M.; Krause, D.; Güldenpenning, I. (2020), Lernen und Gedächtnis im Sport, in: Schüler J.; Wegner M.; Plessner H. (Hrsg.), Sportpsychologie, Springer-Lehrbuch, Springer Berlin Heidelberg, S. 43–68.

AGENDA

1. Erwachsenbildung

2. Lebenslanges Lernen

3. Psychosoziale Krisen

4. Störfaktoren

5. Bildungstechnologien

6. Erkenntnisse & Ratschläge

7. Praktisches Beispiel

1. ERWACHSENBILDUNG

Ziele der Erwachsenbildung

* Individuelle Fähigkeiten fördern
* Berufliche Aus- und Weiterbildung

Organisierte Formen der Bildung

* Fortbildungen, Weiterbildungen
* Umschulungen, Fernstudium

Vorteile

* Erhöhung der Qualifikationen
* Verbesserung sozialer Fähigkeiten
* Verbesserung der Integration
* Unterstützung bei Krisenbewältigung

Bedürfnisse der Erwachsenen

* Qualifizierter Lehrkörper
* Fachspezifische Weiterbildungen
* Guter Workflow

Formen der Selbstbildung

* Medien und Sozialkontakte
* Unbekannte Situationen

2. LEBENSLANGES LERNEN

Wieso möchte ich mich Weiterbilden?

✓ Wissen erweitern
✓ Qualifikationen
✓ Anforderungen des Arbeitsplatz/
  Gesellschaft
✓ Erwartungen des Umfeldes
✓ Mithalten mit der Konkurrenz

Was treibt mich an?

✓ Der Reiz des neuen
✓ Veränderungen
✓ Herausforderungen
✓ Selbstverwirklichung
✓ Spaß am Lernen
✓ Persönliches Interesse

Ergebnisse des Live-Votings der Gruppe

3. ERGEBNISSE AUS DER THEORIE

Wie kann ich neues lernen?

➤ … durch bewusste Entscheidungen
- Fortbildungen
- Fernstudien

➤ … durch Interaktion mit meiner Umwelt

➤ … durch meine Mitmenschen

➤ … Konfrontation mit neuen Aufgaben

Welche Motivatoren habe ich?

➤ … ich möchte mich persönlich weiterentwickeln

➤ … ich möchte meinen beruflichen Werdegang schützen

➤ … ich möchte meine Selbstkompetenzen entwickeln

➤ … ich strebe nach Selbstwirksamkeit

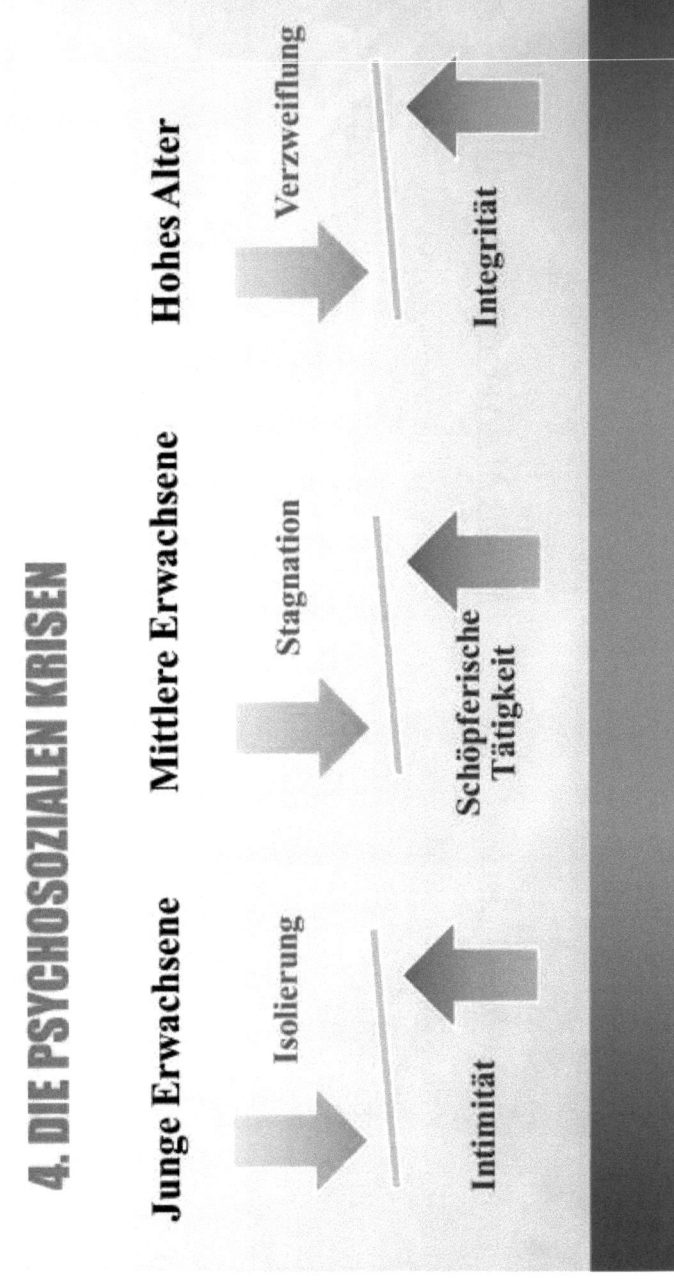

5. STÖRFAKTOREN   Kontextbezogene Faktoren

Widersprüche in den Anforderungen des Lehrplans und den gegebenen Vorrausetzungen durch...

Diese Auswirkungen könnten auftreten

... Fehlende Ausstattung

... Ungeeignete Lehrräumlichkeiten

Unmut

Demotivation

Widerstand

5. STÖRFAKTOREN   Faktoren bezogen auf den Lehrenden

Diese Auswirkungen könnten auftreten

➤ Ungeeignete Lehrmethoden

➤ Zu subtile Signale des Lehrenden

Negativer Einfluss auf die
Lehr- Lern Beziehung

Demotivation

Frustration

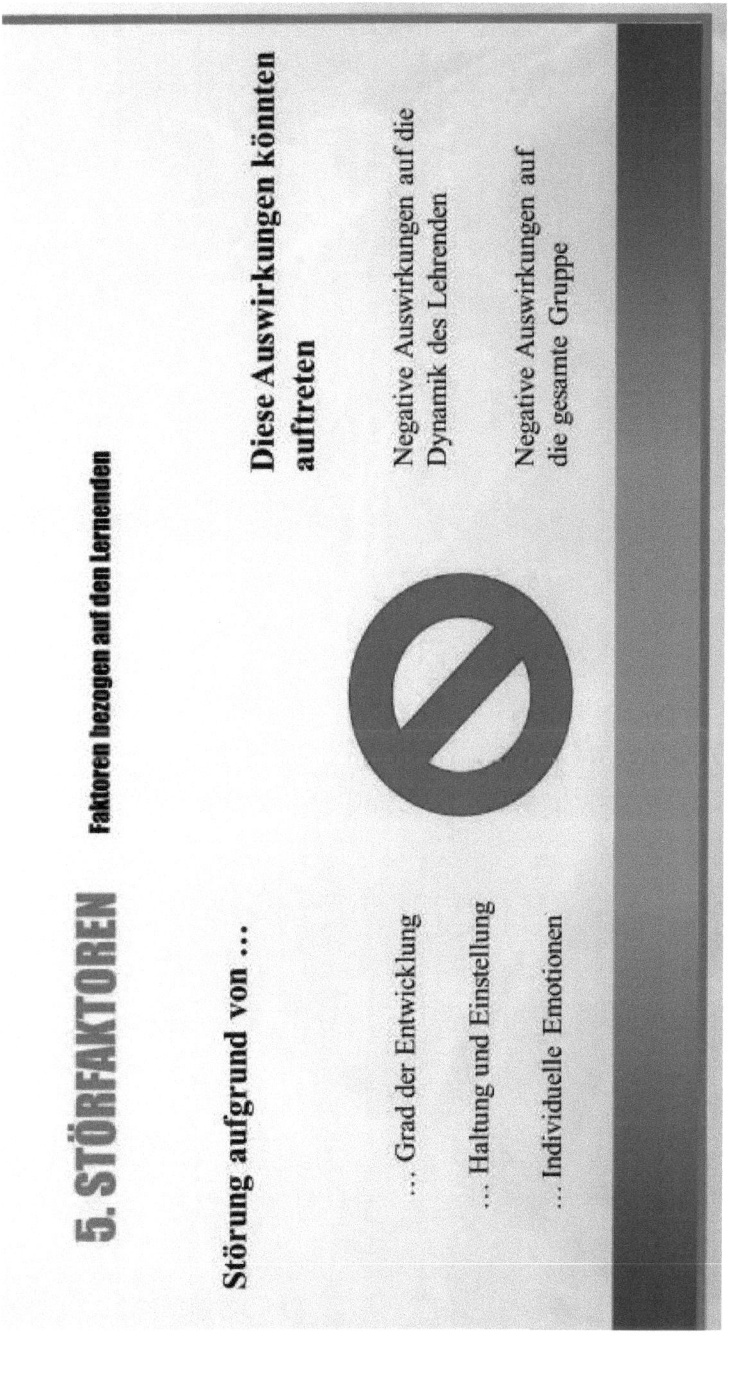
5. STÖRFAKTOREN
Faktoren bezogen auf den Lernenden
Störung aufgrund von ...
... Grad der Entwicklung
... Haltung und Einstellung
... Individuelle Emotionen
Diese Auswirkungen könnten auftreten
Negative Auswirkungen auf die Dynamik des Lehrenden
Negative Auswirkungen auf die gesamte Gruppe

6. DIE NEUEN MEDIEN

Neue Medien sind...

- ... ortsunabhängig
- ... online oder offline möglich
- ... teilweise immersive
- ... Flexibel
- .... Selbstbestimmt

6. DIE NEUEN MEDIEN

Die Vorteile der neuen Medien

- ✓ Simulative, objektive oder problembezogene Inhalte können ortsunabhängig abgerufen werden

- ✓ Ermöglicht zeitliche Flexibilität

- ✓ Steigert die Motivation und den Lernerfolg

- ✓ Erleichtert den Workflow

- ✓ Lernzeiten können optimal angepasst werden

- ✓ Lerntempo ist nicht vorgegeben

Die Nachteile der neuen Medien

- ✗ Soziale Isolation

- ✗ Überlastung der kognitiven Fähigkeiten durch das Übungsdesign

- ✗ Kognitive Überlastung durch hohe Selbstregulationsanforderung

7. ERKENNTNISSE UND RATSCHLÄGE

Erkenntnisse

✔ Bei der Erwachsenbildung werden individuelle Fähigkeiten und Fertigkeiten erlernt

✔ Fachspezifische Weiterbildungen haben hohe Anforderungen an den Lehrkörper

✔ Weiterbildungen werden häufig für berufliche Zwecke genutzt oder um die Selbstkompetenz zu steigern

✔ Psychosoziale Krisen können durch das lebenslange Leben gemeistert werden

✔ Störfaktoren durch den geschaffenen Kontext und den Lehrkörper entscheiden über den Lernerfolg

7. ERKENNTNISSE UND RATSCHLÄGE

Die Ratschläge

✓ Man sollte die positiven Auswirkungen des Lebenslangen Lernen nicht unterschätzen

✓ Erwachsene schätzen eine Lernumgebung die selbstbestimmbar und selbstregulierbar ist

✓ Bildungstechmologien treten vermehrt auf und sollten daher auch genutzt werden

8. PRAKTISCHES BEISPIEL

Name: Sabrina
Alter: 25 Jahre
Familienstand: Verheiratet + Zwillinge
Beruf: Erzieherin

Sabrina möchte sich weiterbilden um ein passenderen Beruf für sich zu finden. Sie wenden sich an die BMBF um sich bezüglich der Angebote beraten zu lassen.

8. PRAKTISCHES BEISPIEL

<u>Aufgabe an die Gruppe</u>

Welche Fragen muss sich Sabrina stellen um ihre passende Weiterbildung zu finden?

Sie haben 5 min Zeit

8. PRAKTISCHES BEISPIEL

Sabrina stellt sich mit ihrem Berater zusammen Fragen nach…:

… ihrem Sozialen Umfeld

… ihre Motivation eine Fortbildung zu meistern

… ihrem Bildungsgrad bzw. ihrer Berufsausbildung

… ihren Vorkenntnissen

… ihrem Bedürfnis nach Flexibilität

… ihrem Bedürfnis nach Selbstbestimmung

… ihrem Bedürfnis nach selbstregulativem Lernen

Die Zeit ist um!